AF409105

Matteo Bernasconi

Le poesie degli Amori

EDIZIONI WE

ISBN 979-12-5497-006-5

©2022 Edizioni WE di Nicola Bergamaschi
Via Paulli 10/A – 26015 – Soresina (CR)

www.clickpertutti.com
www.edizioniwe.com
www.facebook.com/edizioniwe
www.instagram.com/edizioniwe
info@edizioniwe.com

PREFAZIONE
di Nicola Bergamaschi - fondatore Edizioni We

Cari Lettori,

Torna il poeta Matteo Bernasconi, con una serie di poesie "belle", carine e semplici, frutto della fantasia di un giovane uomo che nella vita ha dovuto sempre superare molti ostacoli.

Varie le tematiche trattate: troviamo dei divertenti doppi sensi riconducibili ad un erotismo simile a quello di un diciottenne che vive i suoi primi amori, sono presenti, poi, anche tematiche forti ed importanti come la disabilità; in altri versi troviamo, invece, la forte nostalgia del passato di quando l'autore viveva a Parigi.

Apprezzate questa opera nella sua semplicità e genuinità, nel leggerle sappiate che state dando la gioia più grande a questo autore: i sogni si realizzano anche così!

Sentitelo, contattatelo sui social e aiutatelo a migliorare sempre di più.

Nicola Bergamaschi

Le Poesie
degli Amori

La lavatrice

Quando la lavatrice va,
la roba la prende e la strizza,
più la strizza,
più schizza.

Il gallo

Il gallo quando la vede canta,
ma quando canta,
è perché ha fatto centro

Il ghiacciolo

Il ghiacciolo è freddo
e dolce
per scaldarlo lo devi prendere,
e leccare
più lo lecchi
più si scioglie,
e più si scioglie diventa piccolo

Parigi

Parigi è la città del' amore,
la città che ho nel cuore.
dove ha in cominciato a battere,
il mio cuore
e quando l'ho lasciata,
la mia vita è cambiata.

Colore

Quando prendo un colore,
non ha importanza che colore sia.
Ma la cosa più importante,
è che quando lo prendo,
ci do dentro.

Il bastone

Il bastone
è come un pungiglione
di un calabrone.
Se ti prende ti fa sentire,
il suo pungiglione.

La collina

Quando mi sdraio sulla collina,
mi metto in mezzo al' erba a riposare.
e mentre sto riposando,
non vedo nient' altro che natura.

Cucina

Quando vado in cucina,
gioco con acqua e farina,
e quando gioco ,
mi sembra di essere tornato bambino.

Gli invalidi

Gli invalidi sono persone,
persone con problemi,
ma sono persone normali
anche se non sono considerati,
ma a differenza di molte persone normali,
gli invalidi sanno amare.

Il dolce

Il dolce è così buono
e delicato.
delicato come un tuo bacio
che se lo prendo,
non faccio nient'altro che prenderti
e mangiarti.

La pesca

Quando pesco la mia mente si rilassa,
si rilassa cosi tanto che non penso a nient'altro.
E quando il pesce ha abboccato all'amo
prendo la canna e lo tiro su.

Il miele

Il miele è dolce come le tue labbra,
così dolce
che quando ti bacio
mi sembra di essere chi sa dove con te
Tanto sono dolci le tue labbra,
e tanto è dolce il tuo bacio,
che non voglio più staccarmi da te.

Il paese

Nel paese c'è vita e natura,
ed è la natura
che rende speciale un paese.
e il paese è affascinante,
proprio per la natura
che c'è in quel paese.

Il mare

Quando vado al mare,
mi metto a guardarlo.
Il suo azzurro cristallino
e la sua immensità,
mi fa pensare
e rilassare .
Se prendo il largo,
con la mente,
mi fa pensare di navigare,
il mare.

Il cielo

Il cielo è immenso come il mare
e nel cielo a me
piacerebbe nuotare.
solo che non so come fare,
perché non so volare.

◆◆◆◆◆◆◆◆◆

L'AUTORE

Matteo Bernasconi - Poeta

Matteo Bernasconi nasce a Monza il 2 Aprile 1978.

Risiede ad Arcore e lavora per una importante ditta con sede a Usmate Velate.

Ha iniziato a scrivere poesie fin da giovane, dedicando i suoi versi, principalmente, al mondo femminile che, come dice sorridendo, "gli ha sempre fatto girar la testa".

Innamoramenti, infatuazioni, sentimenti puri e un pizzico di "erotismo" fanno parte della sua poetica e del suo stile.